글과 그림이 있는 중천의 힐링북

내가 나에게 건네는 이야기

오리북스

글과그림이 있는 中天의 힐링북

초판 1쇄 발행일 ☞ 2025년 9월 17일

지은이_ 김창현
펴낸이_ 박재숙
편 집_ 김창현

펴낸곳_ 오리북스
05719 송파구 송파대로28길13 (10층)
출판등록_ 2025년 2월 19일
제251002025-000026호
E-mail : ipanzer@naver.com

ISBN 979-11-992945-1-6 (03810)

글과 그림이 있는
중천 김창현의 힐링북

내가 나에게 건네는 이야기

들어가는 말

그늘이 있어 볕이 반가운 것
살다 보면 볕이 좋다 하면서도
자꾸 그늘로 들어가게 된다.

그늘은 나에게 쉼을 주고,
볕은 나를 익게 해준다.
무엇이든 한쪽만 있으면 질리고,
둘 다 있어야 반김이 있다.

사실 나는 글씨를 쓰는 사람이다.
어쩌다 그 글씨와 그림에 말이 묻었고,
그 말에 의미가 더해졌다.
그러다 나온 책이 『내가 나에게 주는 이야기』였다.
그 책을 읽고 한 친구가 말했다.
"글이 더 좋더라."

붓을 내려놓고, 펜을 들었다.
욕심이 아니라, 숙제처럼.
사실 나도 내게 해주고 싶은 말이 많았다.

실수 좀 해도 괜찮다,
포기해도 된다,
주어진 삶을 재미나게 살아라.
남들한테 못하던 말,
사실 나에게도 못하고 살았다.

못 다하고 새겨지지 않았던 이야기들을 써보기로 한다.
나에게, 그리고 혹시 나 같은 누군가에게.

이 책은 내 삶의 조각들이다.
우습기도 하고 또 다 아는 얘기이기도 하고,
아무튼… 살아온 사람의 이야기다.

글은 짧지만.
짧은 단상과 그림 속에
스스로에게 던진 질문이 숨어 있고,
그 질문을 통해 잠시,
자기 자신을 돌아볼 수 있었으면 한다.

어쩌면
누군가의 삶 속에 볕 한 줌이 들기를 바라는 마음으로,
오늘도 나는 나에게 또 하나의 이야기를 꺼낸다.

볕을 쬐고 싶다면
그늘부터 지나야 한다.
지금 그늘을 걷고 있다면,
잘 오셨다.

삼각산 아래에서
중천 김창현

CONTENTS
내가 나에게 건네는 이야기

1부 왜 말을 못해

2부 좋은게 좋은 것

제1부
왜 말을 못해

고마우면 고맙다
미안하면 미안하다
왜 그말을 못해

최고의 청개구리

조선시대 최고의 청개구리는
누구라고 생각하나요?

이 눈치 저 눈치 봐야 하는
최고의 위치는 왕이었겠지요

자리에 대한 눈치 또 정세에 대한 눈치
특히 이웃나라의 눈치도 많이 봐야겠지요

그러나 우리의 세종대왕은
창의와 변화의 상징인 청개구리 정신을 발휘하여
이 눈치 저 눈치 피해 가며 한글을 만들었지요

덕분에 우리는 그 우월한 과학성에
세계 최고의 IT강국의 명예를 누리게 되었지요

피카소의 "돈키호테" 오마주

바 람

바람은 보이지 않는다

바람은
자기의 모습으로 말하지 않고
머리칼을 흔들고 치맛자락을 펄럭인다

흔들리고
날리고
흩어지고
때론 모든 것을 지워버릴 듯이
내 마음에서 숨 막히는 바람이 일 때
우리의 모든 기억이 삼키어진다

단지 마주치는 그것의 움직임으로 말할 뿐
바람은 자기의 모습으로 말하지 않는다

바람풍風의 초서형태

똥 밭

똥 밟았다 생각하고
잊으세요

세상은 온통
똥 밭이랍니다

아마도
세상에 새싹이 나고
건강히 자라나게 하기 위해
온통 거름이 넘쳐납니다
당신은 아닌 것 같으신가요?

이후
거름으로 자라난 세상은
온통 꽃 밭이랍니다

포 기

포기란
배추를 셀 때 쓰는 말이라며
포기하지 말라고 얘기한다

그러나
때론 감당 못할 현실이 있다

그냥 포기하라

눈물겨운 저항보다
상처 없는 포기가 나을 수 있다

어떤 이는
포기하지 못해
세상의 낙오자가 된다

그 독한 증오를 포기하라

그것은 너의
잘못이 아니다

표리부동

예의 있는 사람이란
사실은
표리부동한 사람이다

먹고 싶어도 참고, 졸려도 참고
듣기 싫어도 들으며
참음이란 것으로 마음을 가리며
자신을 드러내지 않는다

우리
조금의 감수를 견뎌내며
표리동(겉과 속이 같음) 해봄은 어떠한가

조금 더 솔직함으로
세상이 편해질지도 모르니까

새장 속에 사는 나

집에서 키우는 모란앵무는

새장에서 나오려 애쓰는 모습이

틀 속에 갇히지 못하는 나와 퍽이나 닮아있다

기꺼이 문을 열어주면

여기저기 날리는 깃털

군데군데 찍어놓은 배변의 자리

이내 온 집안이 새장이 되어 버린다

나는 새장 속에 산다

나의 갇힌 그 새장이 아니라

높은 하늘을 숨 쉬며

너른 벌판을 달리는

상상 속 새의 세상으로 나를 보낸다

배려한다는 건

있지도 않은
그대와의 약속을 위해

기꺼이 시간을 비워 두는 것

그리고
화내지 않는 것

쉼 표

쉼표란 소화하는 과정이다

요즘 유튜브 채널을 보면
시간을 줄이고 지루함을 없앤다며
쏜살같이 퍼붓는 말에
생각할 여유가 없다

생각이란
느낌표와 물음표가 필요한 작업이다
내가 무엇을 느끼고 어떤 것에 의문이 있었는지
쉼표를 통해 정리해 간다

쉼표 속에 채움이 있다

그 말을 왜 못해

고마우면 고맙다
미안하면 미안하다
왜 그 말을 못 해

마스크로 가렸다고
모든 게 가려진 것은 아닐 텐데
피하지 말자

미안하면 미안하다
고마우면 고맙다
사랑하면 사랑한다 얘기하자

고맙다 사랑한다는 말하기 쑥스러우면
그래도 미안하다는 말은 꼭 하며 살자

어둠과 공간

어둠이란 빛이 없는 깜깜한 공간
빛을 통해 공간이 살아난다

그러나 공간이란 눈을 감으면 없어지고
빛이 없음에는 눈을 떠도 공간이란 없다
그러므로 밝아짐은 세상의 열림이다

머리를 밝게 하고
눈도 밝게 하고
귀도 밝게 하라
그리고 눈을 다시 떠보면
새로운 세계의 그 세상이 열린다

때로는 가끔 눈을 감으면
아픔도 슬픔도
사라지면 좋으련만

실수해도 괜찮아

실수? 해도 된다

단 돈으로 갚아라

참지 못해 저질러버린 실수
누군가에 고통을 준 행동과 말실수
준비한 모든 것을 무너뜨리기도 하는 실수
의리라는 핑계로 무작정 믿어버리는 실수

다 해도 된다

그 후환은 돈으로 메우면 없어진다

다만
갚을 돈이 없으면 실수하지 마라

그 실수는 너의 인품으로 갚게 된다

멀리와 빨리

남자는 빨리 가고
여자는 멀리 간다

보통의 남녀 차이는 속도의 차이일 뿐
거리의 문제가 아니다
천천히 걸어가면 오히려 멀리 갈 수 있다

약한 것이 아니라 늦는 것이고
못하는 것이 아니라 안 하는 것이다

20Kg을 한 번에 못 들면
10Kg을 두 번 들면 된다
힘의 문제가 아니라 시간의 문제다

비행기가 떨어져도 여자의 생존율이 더 높다
여자 그대는 약하지 않다

박수근 화백의 "나무와 두여인" 오마주

0(空)과 1

0(空)은
가상적이고 불가시성이고 형태가 없다

1(一)은
상징적이고 가시적이며 형태가 있다

빈 곳은 그저 비어있을 뿐인데
둘러싼 외피를 보고
그것이라 생각한다

아무것도 없는 0(空)을 향해
1(一)은 전진해 간다

0(空)의 세상이 비어있는 것을
있다 하며 그 환상에 파묻힌다

유한하니 소중하지

시간도
생명도
기회도
유한하니 소중하다

언제라도
누구라도
한없이 가질 수 있다면
아무도 집에 공기를 싸가지 않는 것처럼
욕심을 버릴 수도 있다

유한함은 아쉬움이 아니라 소중함이다

그 유한한 자기의 인생을
아쉬움이 아닌 소중함으로
자신의 의지로 산 사람이
잘 사는 사람이다

개만도 못한 사람

맞다
사람은 개만도 못하다

개는
사람 말을 알아들어도
사람은
개 말을 알아듣지 못한다

그토록 우습게 보는
개의 말조차 알아듣지 못하면서
그보다 낫다고 생각하는 사람의 말을
어찌 알아듣겠는가?

사람이
개만도 못한 소통능력을 가지고 있음에
서로 못 알아듣는 것을 알면
이해 못할 것도 없다

외침과 울림

외침이 아닌
울림이 있는 자기표현이 있어야 한다

상像을 세우지 말라는 말을 한다
예술은 상像을 세우는 일이 아닌
울림을 주는 일이다

일상의 자기 행동 또한 마찬가지다
상을 세우고 말을 앞세워
자신의 의사를 표현하는 것보다
진실된 마음으로 대하는 행동과
이로 인해 울림을 줄 수 있으면
더 감동을 줄 수 있다

나의 서, 각, 예의 세상에서도
상이 아니라 울림이 있는
그런 모습으로 그려내고 싶다

참치 이야기

참치의 보관 온도는 -40도다

꺼내어
일반 냉장고에서 2시간을 해동하면
맛있는 상태가 되지만
일단 해동한 참치가 남으면
다시 냉동하지 않고
그저 새콤 달콤함 속에 자신을 숨겨야 하는
회덮밥 재료로 쓸 일이다

먹으려 했을 때 먹는 것처럼
하려고 했을 때 해야 한다
다시 다음 기회를 찾겠다는 것은
그만두고 폐기한다는 뜻이다

마음을 녹이는 순간에도
다시 얼려 쓸 수 없다는 사실을 잊지 말자

청개구리 마음

청개구리의 핵심은
말을 안 듣고 반대로 행하는 것이 아니라

어디로 튈지 모르는 기발함과 다양성이다

4방 8방을 넘어 360방향
어떤 각도에서 생각하는 가가
청개구리가 가진 본질이다

내가 가야 하는 길에서
가장 빠르게 가는 길
가장 사색할 수 있는 길
가장 운동이 되는 길
가장 풍광이 좋은 길
가장 모험적인 길 등
생각에 따라 길이 달라지 듯

내가 튀고자 하는 방향이 핵심이다

날 건드리지 마

제주멍게

제주멍게를 잡으려면
숨을 참아야 한다

견딤과 참음의 결과가 제주멍게다

감인대^{堪忍待}

견뎌야 하고
참아야 하고
기다려야 하는 일이 세상살이이고
그것이
나를 지탱해 주는 큰 기둥이다

숨을 참고 견디며
나만의 제주멍게를 잡자

피카소의 "함께 춤추는 실레누스" 오마주

배추된장국

배추된장국을 끓인다

배추를 구워 넣으면 좋다는 레시피에
평소에 안 하던 배추 굽기부터 시작한다
냄비에 쌀뜨물을 붓고
이리저리 맛을 더하는 양념을 넣고 끓인다

한참을 끓이는 데
뭔가 이상하단 생각에 살펴보니
평소 하지 않던 배추를 굽느라
된장 넣는 것을 빠뜨렸다

배추된장국에 된장이 없다

우린 간혹
사랑하는 사람을 대함에
사랑을 빠뜨린다

시간과 선택

좋아하면
없는 시간도 생기고
관심이 없으면
있는 시간도 내기 싫은 것

그 일이 중요하고 해야 할 도리라면
그 일이 이롭고 관심사면 시간이 있지만
한낮 피곤하고 성가신 일이라 생각하면
우린 시간이 없다

누군가
시간이 없다고 하면
그 우선순위에서 밀린 거다

정신 차려라

51

제2부

좋은게 좋은거

네가 하고 싶은 것
후회없이
즐기며 살자

빨래

작용이 없는 것 같은 자연은
빨래를 말리고 있는데

그저
아무것도 하고 있지 않는 나는 무엇인가

묵묵히
빛과 볕을 주는 태양
불어오는 바람과 비
그리고 부단히 돌고 있는 이 땅
휴식을 주던 어둠도
각기 자기의 일을 하고 있는데

그저
아무것도 안 하고
늙기만 하고 있는 나는 무엇인가

자연의 쓰레기는 되지 말자

55

삼각산

집 뒤에는
천하의 명산 삼각산(북한산)이 있건만
바라만 볼 뿐 몇 번 오르고 만다

주머니에 있는 돈은
쓰임으로써 그 효용이 있고
사랑하는 사람도
만져볼 수 있어야 실체가 있다

할 수 있을 때 하라
죽음을 앞둔 사람이
껄 껄 껄 한다는 얘기처럼
그 할 것을 찾아서
지금 하자

* 더할껄, 말할껄, 해볼껄 등등

치약

양치를 하며
쭈그러진 치약을 본다

뒤부터 눌러 가지런한 모양을 유지하던
옛 시절과 달리 가운데가 움푹 들어갔다

치약을 앞으로 밀어내며 가지런히 편다
뒤쪽에 모여있던 치약이
앞으로 밀려 올라 탱탱한 모습이
마치 돼지저금통에 동전이 가득 채워진 듯
마음이 풍요로워진다

앞에서부터 짜지 말라
치약을 구기지 말라하던 일들이 부질없다

정리된 맛도 맛이고
돼지저금통에 동전 모이듯 한 풍요도 맛이다

서로의 맛이 있다

공자님 말씀에....무구(無求)

無求備於一人(論語 - 微子篇)
한 사람에게서 모든 덕이 갖춰지길 바라지 말라
(논어 미자 편)

세상에 모든 것이 다 갖춰진 사람이 어디 있으랴
키 크고 잘 생기고
머리 좋고
건강하고
돈 잘 벌고
시간 많고
정의롭고
예의 바르고
성격 좋고
힘 잘 쓰고
한 가지만 잘해도 다행이다 생각하자

한쪽 눈을 감으니 너무 예뻐 보인다
내 한 쪽 눈은 그대에게 맡기리

한자랑에서 ○를 덜으로

구핫지 말라

무구(無求)의 고대한자 응용

가짜뉴스

소위 가짜뉴스라는 것이 등장하여
사람들의 시야를 흐리게 한다.

한자의
假(거짓 가)는 빌 叚(가)에 사람인(亻) 변이 붙었고
僞(거짓 위)는 할 爲(위)에 사람인(亻) 변이 붙었고
佯(거짓 양)은 양 羊(양)에 사람인(亻) 변이 붙었고
仮(거짓 가)는 되돌릴 반(反)에 사람인(亻) 변이 붙었고
倗(거짓 팽)은 군사 병(兵)에 사람인(亻) 변이 붙었고
贋(위조할 안)도 가까이 들여다보니 사람인(亻) 변이 붙었다.
伋(속일 급) 倰(속일 릉) 但(거짓 탄) 仇(원수 구) 仄(기울 측)
佞(아첨할 녕) 佻(방정맞을 조) 倨(거만할 거)
倥(어리석을 공) 倦(게으를 권) 偸(훔칠 투) 偏(치우칠 편)
偪(핍박할 핍) 僢(어그러질 천) 등등

"사람이 미래"라던 어느 기업광고 카피가 생각난다.
그래도 사람의 말은 믿을 만하다는 믿을 信(신)이 있는 만큼
부정적 의미의 사람人을 긍정의 사람人으로 만드는 건
우리의 몫이 아닌가

너의 소리로
너의 마음을 말해

웃을 수 있는 이유

가슴에
사랑을 안고 사는 건
웃을 수 있는 이유다.

웃다 보면
물을 엎질러도 웃고
불을 꺼트려도 웃는다.

세상이
아무런 변화가 없어도
사랑이라는 이름의 기적은
모든 일을 웃게 만든다.

사랑하자.
그리고
웃을 수 있는 이유인 사랑
그 자체를 또 사랑하자.

새로산 만년필

만년필이 생기면
가슴이 들뜬다

어린 시절 문구점을 지나며
부러움의 시선으로 보던 그 물건을
만지고 열고 닫고 쓰고
또 만지고 열고 닫고 있다

들뜸에
만년필을 선물한 사람을 생각한다
난 분명 만년필 마니어이긴 한데
만년필이 내겐 없다

좋은 느낌의 사람이 보이면 금세 주고만다
내가 가지고 싶었던 만큼의 그 마음을 주고 싶다

잉크를 리필하듯
사랑도 리필하여 쓰고 싶다

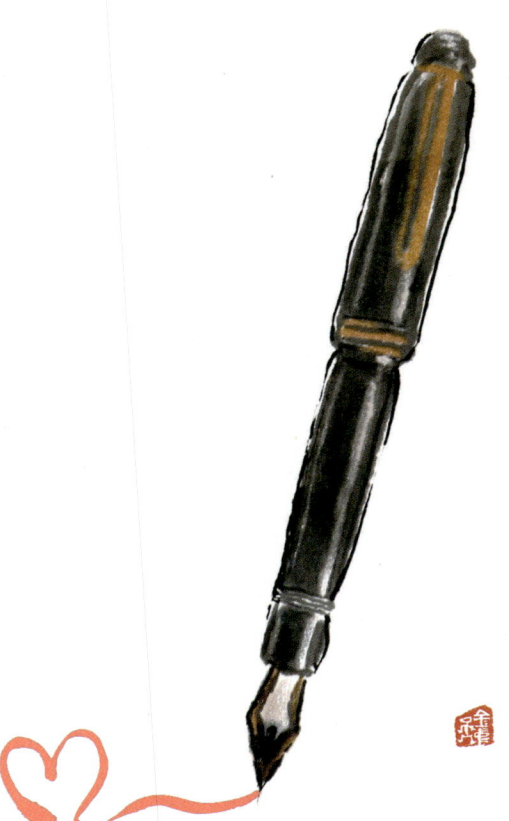

대화

화(話)는 대(對)하고 해야 한다
즉 대화는 마주 볼 대(對)와 이야기할 화(話)다

대면
대결
대화
대치

마주 보지 않으면 대화가 아니다
마주 본다는 이야기는
듣기만 말하기만 하는 일이 아니란 이야기다
마주하지 않고 돌아서는 순간
모든 것이 귓등으로 듣는 이야기가 된다

마주 보고

그 사람의 미소와 싸늘함을
마음으로 느끼며 듣고 봐야 한다

행세

단지 힘 있는 사람은
쉬운 걸 어렵게 만들고
그것을 권력으로 삼는다

실력 있는 사람은
어려운 걸 쉽게 만들어
모두를 공감하게 한다

작은 것을 크게 발휘하거나
큰 것을 겸양하거나
도리에 맞게 작용하는 것이
군자의 도리다

집중

한 곳으로 모이게 하는 것을 집중이라 한다

한참 어릴 때도 산만했었겠지만
나이가 들면서 집중력이 무척 떨어짐을 느낀다

게임을 할 때의 집중만치만 하면 좋겠지만
세상의 일은 게임이 아닌 현실이다
귀찮음과 관심이 공존한다

아직도 난 게임을 즐긴다 그러나 그 게임을
그림 속에서 글씨 속에서 하기로 한다
게임오버 이후에 치열한 전투는
모두 공(空)으로 돌아가지만
그림은, 글씨는 남아 나의 생각을 증빙하고 있을 게다

그림 혹은 글씨 안에서의 게임이 기대된다

集中(집중)의 고대한자 응용

나

세상을
한 글자로 줄이면

"나"

내가 있음에
가족이 있고

내가 있음에
우주가 있다

천상천하유아독존 ^(天上天下唯我獨尊)이라는
부처님이 태어나 일곱 걸음 걷고 했다는 말
내가 그만큼 귀한 존재라는 사실을
잊고 살지 말자

고흐의 자화상 오마주

나이를 먹는다는 것

나이를 먹는다는 것은
불편함이 늘어나는 일 외에 별다른 것은 없다

들리던 소리가 안 들리고
보이던 글이 안 보이고
멀쩡히 서서 가던 지하철을 앉지 않으면 탈 수가 없다
하고 싶어도 자신이 없는 것이 나이를 먹는다는 것이다

어린이, 젊은이, 늙은이,
지은이 등의 지칭어인 "이"를 붙임에도 불구하고
늙은이라고 하면 싫어함은 늙음 자체에 있다
늙음은 벼슬이 아니다
그저 약한 사람에 불과하다

익어간다는 미사여구는 잊어라
그저 그 세월 속에 주워들은 이야기들이 기준이 되어
잔소리만 늘게 되고 기피하는 사람이 된다
지혜가 는다는 것은 AI에 맡겨두고
그저 조용히
자기가 하고자 하던 못다한 일에 집중하라
그것이 서로 좋은 일이다

극복

무언가를 견뎌 이겨내는 일을 극복이라고 한다
그런데
괴로우면 괴로움을 즐기고
외로우면 외로움을 즐겨라
아무나 그런 일이 오는 것은 아니다

기쁜 일이 오면 기쁨을 즐기는 것처럼
내게 닥쳐오는 일과 상황을 다행스러운 마음으로 대하라

1000억짜리 그림을 파는 화가가 아니어도
하루하루 행복을 찾고 느끼는 삶
고민이 찾아와도 다행으로 마주하고 느끼는 삶
불행을 불행하다 느낄 수 있는 것도
행복이다

극복하려 들면 힘들다
그저 그것이 오면 그것을 느끼고
그 안에서의 다행을 찾는 것이
내가 할 일이다

그것을 해결하는 과정을
들여다보며 즐기라
이것이 곧 세상의 파도에 올라타는 일(乘物遊心-승물유심)이다

배신

믿음을 저버리는 행위
인간은 배신하는 존재다

한편 생각하면
한결같으면 어찌 살아갈꼬
지금까지 알았던 사람들을 한결같이 만나며 지내다 보면
수많은 사람과의 교류를 어찌 다 감당하겠는가

사람은
이익이 되지 않으면 언제든 배신한다

잘해줘도 잘못해 줘도
주변은 바뀐다

그것은 그저
마음의 배신이 아니라
시간을 감당못하는 몸의 배신일 뿐이다

리셋

예전에 한동안
스타크래프트라는 게임에 빠진 적이 있었다

게임에 빠져 열심히 싸워 잘 이겼는데
게임을 마친 어느 순간
그 과정은 온데간데없이 사라져 버리고
GAME OVER라는 말과 함께
치열하고 숨 막히던 시간들도 꺼져버린다
얼마나 허망한가

인생의 목표는 결말이 아니라 과정이다
그 게임을 즐기는 것으로 마쳐야지
이기는 것에 집중해서는 바르게 사는 방법이 아닐 수 있다

네가 하고 싶은 거
후회 없이 즐기며 살라

소주

말없이 타박을 받아주는
형 같은 친구

첫 잔 따르는 꼴꼴 꼴 한마디로
마음을 풀어주는
악기 같은 친구

감추고 말 못하는 말에 용기도 주고
모든 것을 내려놓고 깊은 잠에 빠뜨리기도 하고
때론
주체 못 한 용기에 악마의 무기가 되기도 하지만
누군가의 이해와 용서, 화해를 이끌기도 한다

오늘도 나는
형 같은 친구를 만나러 간다

아무것도 인정하지 말라

"홀로 행하고 게으르지 말며
 비난과 칭찬에도 흔들리지 말라"

수타니파타-코뿔소경의 내용이다

그것이 무엇이었던
그 중심과 주체는 나다

칭찬을 해도
입에 발린 듣기 좋은 소리일 수 있고
비난을 해도
시기와 질투일 수 있다

내가 원하는 바를 향해
꾸준히 정진하고
비난과 칭찬 이것을 무시할 수 있어야
비로소 내가 있다

아낄 걸 아껴야지

아낄 린(吝) - 아끼다 탐하다 욕심을 부리다
아낄 색(嗇) - 아끼다 인색하다 탐하다
아낄 석(惜) - 아끼다 아깝다 가엾다
아낄 간(慳) - 아끼다 쩨쩨하다 아까워하다

아끼지 말라
아끼다 똥된다

가장 좋은 옷 입고
가장 좋은 것 쓰고
가장 좋은 것 먹고
가장 좋은 말 하고
가장 좋은 것부터 하자

좋은 것이 없어지면 또 좋은 것이 나온다

다만 시간은
아끼고 또 아껴 써도 똥되지 않는
유일한 자산이다

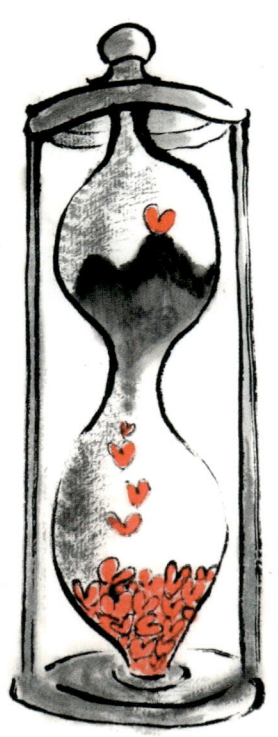

좌와 우

큰 통속으로 보면 그게 그거다
그 자체가 하나다

함께일 때
좌도 있고 우도 있다

따로이면
좌의 좌와 우가 있고
우의 좌가 있고 또 우가 있다

과연
무엇이 좌이고 우인가

달을 보라하니
자기 주머니 속만 보고 있네.....

나를 닮아....달마

"**我本求心心自持**"(아본구심심자지)

내 본래의 마음을 구하지만
마음은 스스로 지니고 있다 −달마혈맥론中

달마를 그리고자 하였으나
결국은
내 안의 마음이요
내 안의 모습을
그려내는 것

이미 달마의 의미는
나를 닮아 달마인 것을.....

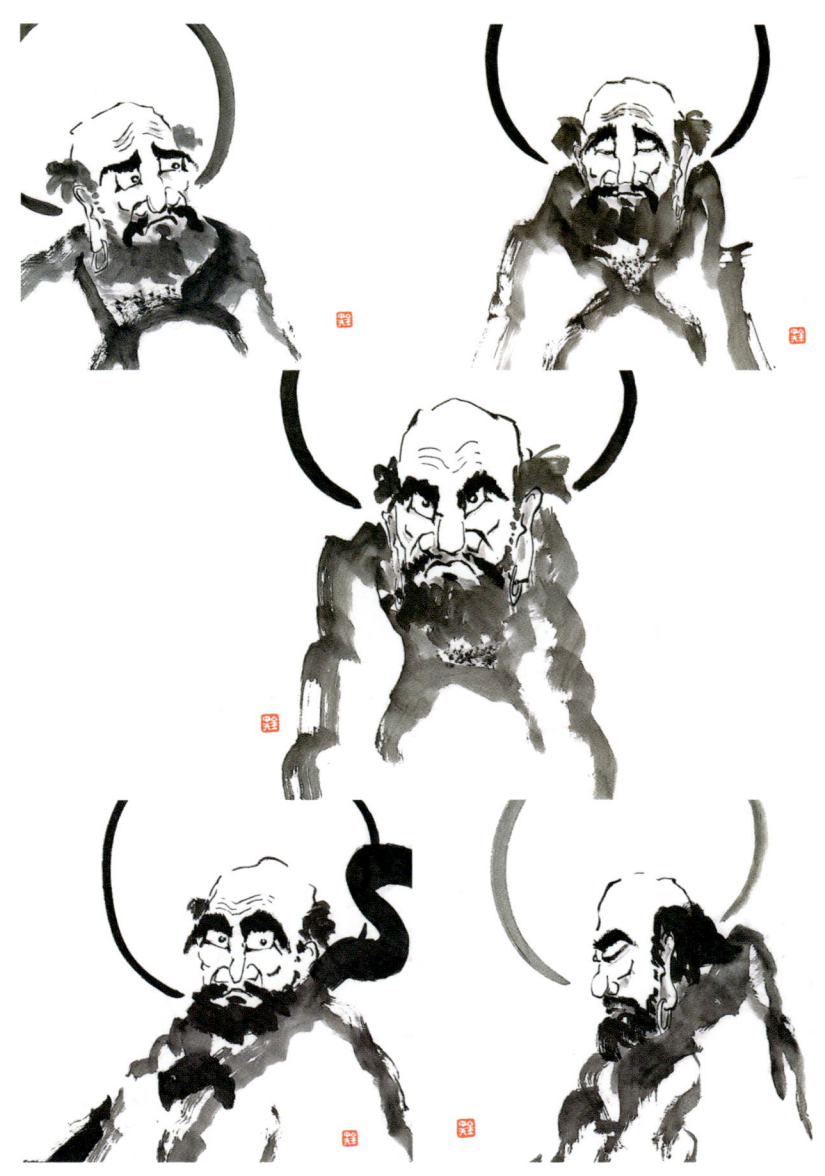

그걸 몰랐네

우리는 매일 매일
잠을 깨면
다시 태어난다는 걸

감사하게도
갓난아이가 아니라
어제까지 익히고 배운걸
그대로 가지고 태어난다는 걸
그걸 몰랐네

일생을
한번 태어나 한번 죽는지 알았더니
밤이 되어 죽고난 후
아침이면 다시 태어나는 걸

그걸 몰랐네

이중섭 작품 오마주

생각

잘 나가고 못 나가고
부자고 가난하고
잘생기고 못생기고
회로하고 이혼하고

이것이 문제가 아니다
중요한 건 생각이다

사람은
좋을 때도 어려울 때도 생각한다
그간의 깨우침이 모여
사상이 되고 작품이 된다

오래 남는 건
지금의 호강이 아니라
그간의 환경 속에 생각해 온 깨달음이며
그로 인해 자신이 표현이 되는 것이고
그것이 작품이다

춤출 무舞의 형상화

검이불루^{儉而不陋}의 삶을 노래하다

나호열 시인· 문화평론가

중천^{中天} 김창현은 서예로 입신한 대한민국서예대전 초대작가이다. 그는 한국서예협회 서울사무국장, 노원서예협회 감사 등을 역임하였을 뿐만 아니라 수많은 전시회를 통해 대중들에게 서예의 참맛을 알리는 데도 힘을 기울였다. 지역의 문화관련 기관에서 서예를 지도하면서 끊임없이 법고창신^{法古創新}의 길을 모색하는데에도 게으름이 없었다. 카카오톡의 이모티콘으로 청개구리를 등장시켜 대중들의 호응을 얻기도 하고 전통 서예를 바탕으로 하는 캘리그라피의 개발 등 그의 전방위적 활동은 삶의 현장과 유리되지 않는 즐거움의 예술을 지향하는데 있었던 것이다.

그는 시서화^{詩書畵}의 경계를 허물고 각각의 특성을 살리면서 삶의 애환을 기쁨으로 힐링하는 새로운 영역을 개척하고자 한다. 그 결실로 그는 『내가 나에게 주는 이야기』(무이재, 2021)를 선보였다.

이 책은 제목이 말해주는 바 그대로 작가의 삶을 통해서 - 누구나 그러하듯이- 사회적 존재로서 알게 모르게 위장^{僞裝}되어진 의식의 내면을 고백하는 짧은 글과 그림으로 구성되어 있다. 그는 청개구리를 자신의 정체를 드러내는 상징물로 삼아서 아이러니한 세상을 풍자하기도 하고, 자신의 비루함을 거침없이 폭로하기도 한다.

청개구리는 우리에게 모든 일에 엇나가고 엇먹는 짓을 하는 사람으로 인식된다.

그러나 이 엇나감을 작가는 창의와 도전의 상징으로 받아들이고 이 청개구리 정신이야말로 구태의연하고 지루하기 짝이 없는 일상을 뒤엎는 에너지로 생각하고 있다.

청개구리의 핵심은
말을 안 듣고 반대로 행하는 것이 아니라
어디로 튈지 모르는 기발함과 다양성이다

4방 8방을 넘어 360방향
어떤 각도에서 생각하는 가가
청개구리가 가진 본질이다

내가 가야 하는 길에서
가장 빠르게 가는 길
가장 사색할 수 있는 길
가장 운동이 되는 길
가장 풍광이 좋은 길
가장 모험적인 길 등
생각에 따라 길이 달라진다

내가 튀고자 하는 방향이 핵심이다

- 「청개구리 마음」 전문

작가는 이순耳順을 넘어 종심 從心을 향해 가기에 수많은 기로와 신고辛苦를 거쳤을 것이다. 글과 그림이 있는 중천의 힐링 북 「내가 나에게 건네는 이야기」는 『내가 나에게 하는 이야기』에 드러난 작가의 완숙함이 한층 깊어진 책이다.

우리 모두는 신체적으로는 노화되어가지만 정신은 얼마든지 '생각에 따라 길이 달라지'는 경지를 유지할 수 있다고 본다.

그는 가식을 싫어한다. 많은 사람들이 인생을 일러 공수래공수거이니 마음을 내려놓자고 하고, 오래 살아서 뭐하냐고 짐짓 초연한 체 한다. 온통 세상은 아귀다툼이라 진저리를 치면서 그래도 저승보다는 이승이 낫다고 너스레를 떤다. 책에서 얻은 지식, 교회당과 절간에서 들은 설교와 법문을 이타적으로 실천하는 이는 드물다. 작가는 이분법적 사유에 길들여진 우리의 인식의 모순을 예리하게 파헤치면서 원융圓融의 세계를 직시한다.

생각해 보면 서예書藝는 궁극적으로 서도書道의 지혜를 터득해가는 과정에 다름 아니다. 원전에 뜻을 헤아리면서 그 뜻을 마음에 담는 행위임을 작가는 일찍이 체화했다고 본다. 엄밀히 말해서 그의 글은 우리가 알고 있는 시의 위의와는 거리가 있다. 그럼에도 그의 글이 우리에게 동감을 넘어 공감共感의 영역까지 확장될 수 있는 까닭은 그가 접한 수많은 경전의 뜻을 자신의 삶에 깊이 아로새기는 공력이 남다르기 때문이다. 그의 글은 머리에서 나온 것이 아니라 가슴에서 어쩔 수 없이 솟아오르는 단말마와도 같다.

똥 밟았다 생각하고
잊으세요

세상은 온통
똥 밭이랍니다

아마도
세상에 새싹이 나고
건강히 자라나게 하기 위해

온통 거름이 넘쳐납니다
당신은 아닌 것 같으신가요?

이후
거름으로 자라난 세상은
온통 꽃 밭이랍니다

- 「똥 밭」 전문

작가는 이 세상이 똥밭임을 애써 부정하지 않는다. 우리의 삶이 피폐한 이유는 이것과 저것을 나눔에 있어 유용有用의 잣대를 사용하기 때문이다. 우리 눈에 잡초는 무용하지만 실제로 잡초야말로 땅을 기름지게 하는 천연비료이다.

부정과 긍정, 무용과 유용의 경계는 사실 존재하지 않는 신기루와도 같다.　그런 관점에서 본다면 작가는 허무주의자이기도 하고 낙관주의자가 되기도 한다. 좌우로 움직이는 시계추처럼 그는 자유롭게 세상을 거닌다.

맞다
사람은 개만도 못하다

개는
사람 말을 알아들어도
사람은
개 말을 알아듣지 못한다

그토록 우습게 보는
개의 말조차 알아듣지 못하면서
그보다 낫다고 생각하는 사람의 말을
어찌 알아듣겠는가?

사람이
개만도 못한 소통능력을 가지고 있음에
서로 못알아 듣는 것을 알면
이해 못할 것도 없다

-「개만도 못한 사람」 전문

그동안 우리는 개를 못된 존재로 비속적으로 빗대어 사용해 왔다. 그러나 곰곰이 생각해 보면 우리 주변에는 개만도 못한 사람들이 너무나 많다. 그런데 작가는 여기서 한 걸음 더 나아가 이 불통의 세상이 결코 부자연스러운 일이 아니라는 역설을 펼치고 있다. 자기 말을 못 알아듣는다고, 너의 말이 도무지 무슨 의미인지 알 수 없다고 언성을 높이는 일이 인류의 역사에서 하루도 없던 날이 있었던가? 그리 생각해 보니 한결 마음이 편해진다. 식자연識者然하지 않는 하심의 정신이 『내가 나에게 건네는 이야기』에 가득함을 어찌 하겠는가!

우리는 매일 매일
잠을 깨면
다시 태어난다는 걸

감사하게도
갓난아이가 아니라
어제까지 익히고 배운걸
그대로 가지고 태어난다는 걸
그걸 몰랐네

일생을
한번 태어나 한번 죽는지 알았더니
밤이 되어 죽고난 후
아침이면 다시 태어나는 걸

그걸 몰랐네

- 「그걸 몰랐네」 전문

'풍요 속에 빈곤'이라는 말이 있다. 지금처럼 풍요로운 삶을 역사상 살아본 적이 없음은 분명한 사실이다. 그럼에도 불구하고 세계에 유례없는 자살공화국의 오명을 짊어지고 있음도 부인할 수 없는 현실이다. 한마디로 행복의 조건이 너무 많아 타인과 비교하다보니 성공의 척도가 높아지고 자칫 자신만이 소외되고 낙오한 것 같은 착각에서 헤어나지 못하는 것이다. 예전에 어느 작가가 한 이야기가 떠오른다. 시골에서 올라와 마장동 판자촌에서 살 때 동네 곳곳에서 싸움질하고 사니, 못사니 아귀다툼이 그치지 않았는데 신기하게도 아침이 되면 언제 그랬냐는 듯 일터로 나가고 하루 끼니 걱정을 하면서도 스스로 목숨을 끊는 사람이 없었다는 것이다.

「그걸 몰랐네」는 생명의 존귀함을, 삶의 위대함을 물질적 풍요에서 찾는 어리석음을 버려야함을 예리하게 파헤치고 있다. 희망이니 꿈이니 그런 구름잡는 이야기가 아니라 작가는 어쩔 수 없이 살아가는 것이 아니라 매일 죽고 매일 태어나는 신생新生의 기쁨을 놓쳐서는 안되는 것임을 이야기하고 있는 것이다.
『내가 나에게 건네는 이야기』는 아무 쪽이나 펼쳐 읽어도 좋고, 그림을 먼저 보고 글을 읽던지 아니면 따로 따로 보아도 좋다.

마음이 가라앉을 때 읽으면 위안이 되고 한껏 자신감이 차오를 때 읽으면 신독 愼獨의 경계심을 갖게도 된다.

　검이불루는 건소하되 누추하지 않는 자존감을 일깨우는 말로써 화이불치華而不侈와 짝을 이룬다. 화려하되 사치롭지 않은 삶도 가치가 있지만 자신의 한계를 인식하고 분수에 맞게 사는 삶이야말로 행복한 일임을 전해주는 『내가 나에게 건네는 이야기』가 늘 곁에 있기를 바란다.

나오면서 하는 말

책장을 덮는다는 건 잠시 멈춘다는 뜻이다.
그렇다고 끝이 났다는 건 아니다.
말을 다 꺼냈다 싶어도,
삶은 늘 새로운 장면을 내 앞에 펼쳐 놓는다.
그래서 내가 쓰는 글은 언제나 미완(未完)일 수밖에 없다.
처음『내가 나에게 주는 이야기』를 펴냈을 때,
그건 마치 내 속을 몰래 들여다본
일기장을 누군가에게 내어주는 것 같아
부끄럽기도 하고 두렵기도 했다.
그런데 책을 읽은 이들이
"네 얘기인 줄 알았는데, 읽다 보니 내 얘기 같았다."라며
책장을 되새겨 본다는 말을 전해왔다.
그때 알았다.
이 이야기는 나 하나만의 것이 아니었다는 사실을.
그래서 다시 펜을 들었다.
『내가 나에게 건네는 이야기』는
그런 작은 울림에서 비롯되었다.
내 마음에 걸린 말들을 풀어내어,
조금 더 솔직하게, 조금 더 깊게
나 자신에게 말을 걸어본 기록이다.
살다 보면
나조차도 나를 내 뜻대로 하지 못할 때가 있다.
그럴 때 우리는 괜히 스스로를 몰아붙이며
끝내 지쳐버리곤 한다.
하지만 잠시 멈춰 서서
내 마음에 귀 기울여 보면,

결국 내가 가장 듣고 싶었던 말은
그리 거창한 게 아니었다.

"괜찮아."
"원래 그런 거야."
"네가 하고 싶은 일을 해."
그 짧은 몇 마디가
나를 다시 일으켜 세우곤 했다.
이 책이 독자에게도 그런 말이 되기를 바란다.
누군가는 한 구절에서,
누군가는 한 장면의 그림에서
잠시 숨 고르듯 위로를 얻을 수 있다면,
그것으로 충분하다.
책을 덮는 이 순간에도
나는 또 다른 나와 마주하고 있다.
오늘의 나와 내일의 내가 서로를 격려하며
다시 길을 나설 수 있기를 바란다.
혹시 이 글을 읽고 있는 당신도,
어느 날 우연히 펼친 한 페이지에서
마음을 추스르는 기회를 얻을 수 있다면
그것으로 족하다.
오늘도 나는 나에게,
그리고 당신에게
조용히 말을 건넨다.
"괜찮아. 원래 그런 거야.
후회하지 않도록, 하고 싶은 걸 하면 돼."

중천 김창현